AF139551

FSC
www.fsc.org

MIX

Papier aus ver-
antwortungsvollen
Quellen
Paper from
responsible sources

FSC® C105338

Pimp Your Presentation

Präsentieren – zeitgemäß und zielgerichtet

2. Auflage

Hans-Peter Albrecht

Key-Competence-Coach

Hans-Peter Albrecht. Jg. 1959

Als Partner von

gibt er seit 1996 seine praxiserprobten Berufserfahrungen als Referent und Management-Trainer weiter. Information und Kontakt unter

albrecht@premiumseminare.de
www.premiumseminare.de

Bibliografische Information der Deutschen Nationalbibliothek: Die Deutsche National-bibliothek verzeichnet diese Publikation in der Deutschen Nationalbibliografie; detaillierte bibliografische Daten sind im Internet über www.dnb.de abrufbar.

„Herstellung und Verlag:
BoD – Books on Demand, Norderstedt"

ISBN 9 783 735 788 740

" Präsentiere für Deine Zuhörer und hole Dir ein Lächeln ab! Hans-Peter Albrecht

Pimp Your Presentation

Präsentieren – zeitgemäß und zielgerichtet

2. Auflage

PremiumSeminare
PremiumCoaching

Persönliche oder berufliche Entwicklung - Wir zeigen Ihnen den Weg!

Vorwort

Die Zeit ist im Wandel! Alles geht schneller! Wer heute und in Zukunft Erfolgreich sein will, muss diese dynamische Entwicklung mitmachen und Präsenz zeigen. Dabei sind Strategien, Informationen und Konzepte zu vermitteln. Diese sollen kurzweilig, informativ und überzeugend präsentiert werden.

Genau dafür ist dieses Buch entstanden.

> **Alles Wichtige für Ihre Präsentation**
>
> **auf den Punkt gebracht!**

Sie sitzen sicher oft in einem Meeting, einer Tagung oder einer Versammlung und hören und sehen Präsentationen. Heute ist es Dank der Einfachheit von Präsentationsprogrammen für jeden jederzeit möglich, sein Anliegen zu präsentieren. Leider ist durch die inflationäre Flut an Botschaften die Qualität derselben nicht gestiegen. Heben Sie sich wohltuend ab und präsentieren Ihr Anliegen zeitgemäß und zielgerichtet.

München, 2014   Hans-Peter Albrecht

Inhaltsverzeichnis

Präsentationen

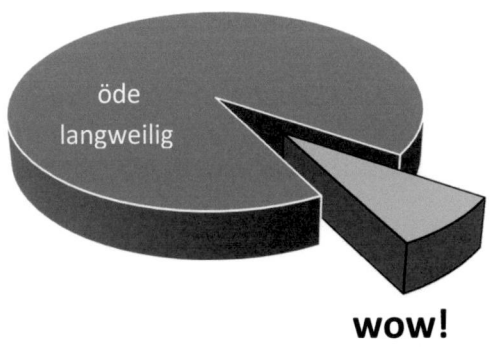

Monoton und langweilig, langatmig und wenig überzeugend! Empfinden Sie nach den meisten Präsentationen nicht auch wie die allermeisten Teilnehmer?

Wer hat es geschafft Ihre Aufmerksamkeit zu bekommen? Welche(r) Redner/in hat Sie motiviert? Welches Ziel hatte die Präsentation? Hätte weniger Information gereicht? Was haben Sie davon gehabt? Wo war die Logik? Welcher Präsentationsstil war bleibend? Was hat Sie angesprochen? Wie viele Dinge haben Sie gestört? Waren neue Ideen vorhanden? Konnte man die Charts lesen? Waren die Bilder aussagekräftig? War die/der Präsentator/in für Ihren Eindruck richtig gekleidet?

All diese störenden Elemente zeigen die oft nachlässige Umsetzung und fehlende Zielgruppenorientierung. Lassen Sie es uns besser machen!

Es gibt sie, die **Wow-Präsentationen** und diese sind nicht nur von Steve Jobs. Auch dieser hat sich, wie in seiner Biographie von Walter Isaacson mehrfach beschrieben, nur durch nächtelanges Proben und professionelle Hilfe zum perfekten Präsentator entwickelt. Sie werden und müssen kein Steve Jobs werden, aber durch die richtigen Erfolgsfaktoren und Maßnahmen erreichen Sie Ihre Ziele.

Nutzen Sie alle Erfolgsfaktoren und alle Maßnahmen, damit Sie Ihre Präsentation pimpen!

Sie kennen die Redewendung

> **"Das spricht mich nicht an!**

Wenn Sie Menschen wirklich ansprechen, also wirklich erreichen möchten, kommen Sie nicht umhin, sich selbst und Ihre Botschaft in eine ansprechende Präsentation zu hüllen.

Genau dieses Thema möchte ich in diesem Buch behandeln und Tipps geben, damit Ihre Präsentationen in Zukunft alle Zuhörer begeistern.

Mit folgenden Leitgedanken:

> **"Das Verstehen unterstützen und das Behalten erleichtern!**

> **"Überzeugen und damit Ziele erreichen!**

Alle Zuhörer, ob Ihre wichtigen Kunden, die Chefetage, andere Kollegen, beteiligte Abteilungen oder Vereinskollegen wollen fasziniert und begeistert werden!

> **„Präsentieren bedeutet immer ein Ziel erreichen zu wollen!**

Wenn Sie kein Ziel verfolgen oder keine klare Kernbotschaft vermitteln können, sollten Sie die Präsentation nicht halten.

Einige wichtige Ziele sollen hier genannt werden:

- o Kunden gewinnen

- o Budgets bekommen

- o Projekte starten

- o Produkte entwickeln

- o einen Auftrag bekommen

- o Nominiert werden

- o Informationen teilen

Sie wollen entweder informieren oder überzeugen. Sicher sind der benötigte Aufwand und die daraus folgende Qualität proportional vom Ziel abhängig. Bei einem Jour-Fix zu informieren oder in einer Verkaufsveranstaltung Kunden gewinnen zu wollen, bedeutet jeweils eine andere entsprechende Vorbereitung.

In den letzten Jahren gab es große Weiterentwicklungen in der internationalen Präsentationslandschaft. Für Sie ist es wichtig, mit diesen Entwicklungen mitzuhalten, denn heute müssen Sie stärker denn je, zwischen Präsentationstypen differenzieren.

Folgend die häufigsten Präsentationstypen:

- o *Projektmeeting*

- o *Fachvortrag*

- o *Arbeitssitzung/Jour Fix*

- o *Schulung*

- o *Verkaufsveranstaltung*

- o *Management Bericht*

- o *Rede*

- o *Pitch-Präsentation*

- o *Informationsveranstaltung*

Struktur

Jede Rede und Präsentation braucht eine Struktur.

Einleitung – Hauptteil – Schluss

Das liest sich sehr einfach, bedarf aber eines roten Fadens auf dem Sie Ihr Plenum von Punkt zu Punkt, Argument zu Argument oder Information zu Information führen.

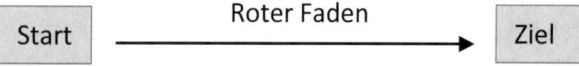

| Start | Roter Faden ⟶ | Ziel |

Sie müssen den

uninformierten, skeptischen oder _passiven_

Zuhörer dazu bringen, Ihr Anliegen

zu verstehen, zu begreifen,

zu akzeptieren oder sogar

zum Handeln bewegen!

Der Strukturplan könnte also folgendermaßen aussehen:

| Start | Info 1 | Info 2 | Info 3 | Finale |

Struktur/Roter Faden

→

- ✓ Ein Start mit Ansprache der Zielgruppe

- ✓ Die Kerninformationen in möglichst kurzer Zeit, aber natürlich gut strukturiert.

- ✓ Finale mit Zielformulierung

Kein BlaBla,
sondern das wesentliche auf den Punkt gebracht.
Die Zuhörer werden es Ihnen danken!

Zwei wesentliche Methoden:

1. Das Pareto Prinzip! Die auch als

" 80/20 Regel!

bekannt ist. Das Pareto Prinzip besagt, dass 80 % der Ergebnisse in 20 % der Gesamtzeit eines Projekts erreicht werden. Die verbleibenden 20 % der Ergebnisse benötigen 80 % der Gesamtzeit und verursachen die meiste Arbeit. Sie können also davon ausgehen, dass ca. 20% Ihrer Präsentation eine besondere Wirkung haben. Dies sollte bei der Struktur berücksichtigt werden.

Das Pareto Prinzip wurde nach Vilfredo Pareto, (gebürtig Wilfried Fritz Pareto; * 15. Juli 1848 in Paris; † 19. August 1923 in Céligny, Kanton Genf) ein italienischer Ingenieur, Ökonom und Soziologe, benannt. Pareto hat nämlich 1906 beobachtet, dass 80 Prozent des italienischen Bodens im Besitz von nur 20 Prozent der Bevölkerung wahren. Dieses Prinzip konnte er in vielen anderen Untersuchungen bestätigen. Pareto hat das nach ihm benannte Prinzip allerdings nicht selbst in den allgemeinen Sprachgebrauch eingeführt. Das hat an seiner Stelle erst der amerikanische Ökonom Joseph M. Juran getan.

2. Der von Restorff Effekt?

" Unterscheidende Inhalte bleiben besser in Erinnerung!

Die deutsche Psychologin Hedwig von Restorff (1906–1962) hat festgestellt:

Unterscheiden sich Inhalte einer Lernreihe ihrer Materialart nach voneinander, so werden diejenigen Aufgaben bzw. Glieder, welche sich ihrer Art nach von der Mehrzahl der anderen abheben (sogenannte isolierte Glieder), besser behalten als jene, welche ihrer Art nach der Mehrzahl der anderen gleichen.

Einfaches Beispiel:

A   D   C   E   L   K   5   R   B   P   W

Bekommt man eine Reihe von Buchstaben vorgelegt, in der ebenfalls eine Zahl steht, so wird man sich die Zahl, im Vergleich zum ganzen Rest an Buchstaben, besser merken.

Im Normalfall erinnert man sich an den Anfang und das Ende.

Wie nutzen Sie diese beiden Prinzipien?

> ➤ Setzen Sie am Anfang und am Ende Ihrer Präsentation die wichtigen Informationen! Planen Sie den Anfang und das Ende mit 20% Ihrer Präsentationszeit.
>
> ➤ Die wichtigsten Fakten sollen sich von allen anderen in Form oder Farbe unterscheiden!

☺ *roter Faden*

☺ *Pareto und von Restorff!*

Klarheit

Umso verständlicher Sie Ihren Text – Ihre Botschaft vortragen umso mehr Vertrauen werden Sie bei den Zuhörern aufbauen! Damit erreichen Sie Ihre Ziele!

Viele Fachausdrücke und Fremdworte zeigen zwar Fach-Kompetenz, aber erreichen Sie damit alle Zuhörer? Fachliche Themen lassen sich auch korrekt und anschaulich mit dem Grundwortschatz erklären.

Lange Bandwurmsätze wirken wie Kauderwelsch, sind also nicht klar und begreiflich!

> **Formal verständliche, klare Botschaften bleiben in Erinnerung!**

Tipp:

- ✓ *Formulieren Sie kurze Sätze!*

- ✓ *Maximal 2 Gedanken pro Satz!*

- ✓ *Wenige Fremdworte und Fachtermini!*

- ✓ *Grundwortschatz verwenden!*

- ✓ *Wenige Passiv-Sätze!*

Wer hört mir zu?

Die erste und wichtigste Frage vor jeder Präsentation, ist die nach den Zuhörern.

Denken Sie intensiv über folgende Fragen nach:

- ✓ Wer hört mir zu?

- ✓ Wie stehen die Zuhörer zu diesem Thema?

- ✓ Wieviel Wissen ist bereits vorhanden?

- ✓ Welche Interessen hat das Plenum?

- ✓ Wie stehen die Zuhörer zu Ihnen?

- ✓ Was wollen Sie erreichen?

- ✓ Was sollen die Zuhörer nach Ihrer Präsentation tun?

- ✓ Wieviel müssen/wollen Sie Informieren?

Sie stecken sicher sehr tief im Thema, dieses Wissen können und müssen Sie in einer Präsentation nicht vermitteln.

Wählen Sie nur die Punkte aus, die alle Ihre Zuhörer interessieren und die Ihnen helfen Ihr Ziel zu erreichen!

Zur Themenauswahl stellen Sie sich die Fragen, die sich <u>Ihr Publikum</u> stellen wird:

- ✓ Wozu?

- ✓ Was bringt (mir)das?

- ✓ Wie soll das gehen?

- ✓ Warum ist das wichtig?

- ✓ Warum soll ich dafür sein?

- ✓ Das kann ja jeder sagen!

- ✓ Welche Auswirkung hat das?

- ✓ Was das wieder kostet?

- ✓ Wen kümmert das?

Präsentations-Aufbau

Nachdem Sie Ihre Zuhörerschaft mit deren Interessen analysiert haben, formulieren Sie Ihr <u>Ziel</u>.

> **Fixieren sie das Ziel auf alle Fälle schriftlich, damit Sie es immer vor Augen haben!**

Jetzt beginnen Sie mit einem Brainstorming und sammeln alle Ideen (Text, Bilder, Graphik, Diagramm) zum Thema.

Tipp:

- *Notieren Sie Ihre Informationen auf Haftnotizen!*

   Warum Haftnotizen werden Sie Fragen. Diese Haftnotizen können Sie sehr leicht, nach Abschluss Ihrer Ideensammlung, in Gruppen sortieren und somit Blöcke bilden.

Die Anzahl der Informationsblöcke ist natürlich Themenabhängig und auch die geplante, vorgegebene oder verfügbare Zeit ist entscheidend.

Gewichten Sie die Ideen, indem Sie Ihre Zielsetzung im Auge haben.

Jetzt suchen Sie für jeden Block eine Überschrift! (=Agenda Punkt)

Tipp:

- *Jeder Informationsblock sollte 3 – 4 Informationen oder Argumente enthalten!*

- *Ergänzen Sie oder streichen Sie rigoros!*

- *Strukturieren Sie eine Agenda. Kleben sie die Haftnotizen entsprechend um.*

Formulieren Sie jetzt eine Überschrift in Form einer Frage oder Schlagzeile für den Start Ihrer Präsentation.

Jetzt haben Sie den groben Aufbau Ihrer Präsentation geschafft.

Zusammenfassung Aufbau:

- ✓ Sie haben ein klares Ziel! Was wollen Sie erreichen? Sie können nicht alles zeigen!

- ✓ Weniger ist mehr! Niemand merkt sich mehr als 3 – 4 Fakten.

- ✓ Sprechen Sie sofort Ihre Zuhörer an und teilen Sie Ihr Ziel mit! Lange Einleitungen will niemand hören.

✓ Präsentieren Sie eine Agenda! Dies ist professionell.

✓ Überlegen Sie welcher Informations-block bei Bedarf (Zeitmangel) wegfallen kann! Immer einen Zeitpuffer einplanen.

✓ Am Ende jedes Agenda-Punktes kurz zusammenfassen! Alle Zuhörer damit auf dem gleichen Stand halten.

✓ Klar formulieren! Kein Blabla und keine schwammigen Aussagen.

Präsentations-Abschluss

„Danke für Ihre Aufmerksamkeit" als Schlusssatz oder letzte Folie ist zwar sehr höflich, ergänzen Sie es aber mit einer Aufforderung, einer Hoffnung, einer Anregung!

Nur dieser Satz bedeutet doch, Sie haben nicht über Ihren Schlusssatz nachgedacht oder sogar Bedenken, man bemerkt nicht das Ende Ihres Vortrages.

Kündigen Sie das Ende Ihrer Präsentation an und fassen Sie kurz zusammen. Den abschließenden Dank verbinden Sie mit einer konkreten und ehrlichen Aussage. Ein Appell, eine Wunsch oder eine Aktivierung entlässt das Publikum.

Zusammenfassung Schluss:

- ✓ Den Schluss ankündigen! Gewinnen Sie dadurch Aufmerksamkeit.

- ✓ Am Schluss die wichtigen Punkte wiederholen bzw. zusammenfassen!

- ✓ „Danke" immer konkret und ehrlich!

- ✓ Handlungsaufforderung oder Appell am Schluss setzen!

Beachtenswert:

- o *Klare und eindeutige Erklärungen!*

- o *Wenig Fachausdrücke und Abkürzungen!*

- o *Wertschätzung den Zuhörern gegenüber!*

- o *Politisch immer korrekt!*

o   *Dialog mit dem Plenum zulassen!*

o   *Zuhörer wissen vielleicht wenig aber kapieren schnell!*

o   *Passender Humor!*

Visualisierung

Visualisieren Sie wo immer Sie können!

Nach dem heutigen Informationsstand sind unsere Augen und nicht das Gehör die wichtigste Informationsquelle.

Bei Vorträgen/Präsentationen ist die Verständlichkeit von Informationen abhängig von deren Anschaulichkeit.

Je bildhafter die Informationen präsentiert werden, desto mehr werden Ihre Zuhörer verstehen und desto mehr wird Ihr Plenum davon im Gedächtnis speichern.

Ziele der bildhaften Information:

- ✓ Aufmerksamkeit wecken

- ✓ das Verstehen unterstützen, das Behalten erleichtern

- ✓ Kommunikation fördern

- ✓ Informationen leichter erfassbar zu machen

- ✓ Ihre Zuhörer mit einzubeziehen

- ✓ Kernaussagen hervorzuheben

- ✓ Redeaufwand und Redezeit zu verkürzen

Zuhörer sollen auch zum Zuseher werden!

Sprechen Sie mit Ihrer Präsentation beide Gehirnhälften an!

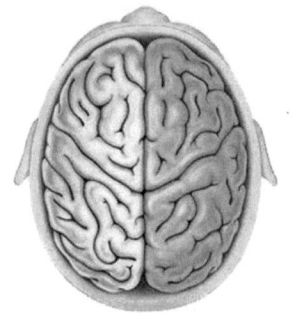

Die *linke* Gehirnhälfte steht für digital. logisch und analytisch.

Die *rechte* Gehirnhälfte steht für kreativ, intuitiv und non-verbal.

Allerdings nur wenn Text und Bild in einem Bezug zueinander stehen.

Hierzu drei Möglichkeiten:

1. Text und Bild aktivieren denselben Begriff.
2. Text und Bild aktivieren unterschiedliche Begriffe. Hierbei wird ein Kontext für das jeweils andere gebildet.
3. Text und Bild aktivieren verschiedene Konzepte, durch eine Schlussfolgerung wird Bezug genommen.

Wissenschaftliche Erklärung:

Zusammenliegende Teile werden als Ganzes aufgefasst.

Geschlossene Teile werden eher als Ganzes aufgefasst, als offene Teile.

Teile mit gleicher Form, Farbe oder Größe werden zu einem Ganzen zusammengefasst.

Elemente schließen sich zu einer Gestalt zusammen, wenn sie bestimmte Eigenschaften- (z.B. Regelmäßigkeit, Symmetrie) aufweisen.

Folien-Präsentation

Ein Präsentationsprogramm ist ein Computerprogramm, das die Erarbeitung und Präsentation eines Vortrages oder Referates unterstützt.

Jede einzelne Präsentations-Folie die im Vortrag gezeigt werden soll, wird mit dem Präsentationsprogramm bearbeitet und abgespeichert.

Die Folien kombinieren Texte, Bilder, Grafikclips, Diagramme, Tabellen, Videos und

Musikdateien. Sie können auf einem einheitlichen Hintergrund (Layout) erstellt werden. Die Folien, die zu einem Vortrag gehören, können zusammen in einer Datei abgespeichert werden.

Die verbreitete Methode um zu präsentieren ist die Umsetzung mit PowerPoint oder Keynote.

Diese Präsentationsprogramme bieten eine professionelle Plattform, um sein Thema darzustellen.

Empfehlung:

Nutzen Sie dieses Buch, um Ihr Thema, in bester Form darzustellen! Damit erreichen Sie Ihre Ziele!

Zooming Presentation

Als Alternative zu auf Folien basierten Präsentationstechniken, gibt es eine auf skalierbare Benutzeroberflächen basierte Technik.

Hier können die zu präsentierenden Bereiche nach Bedarf gezoomt werden.

Der Benutzer fertigt dabei die Inhalte an und legt eine Abfolge und die entsprechende Zoomstufe, für das jeweils in dem Moment zu zeigende an. Bei der Präsentation wird diesem Weg gefolgt und an jedem Halteschritt nur auf einen Teil des gesamten Inhaltes gezoomt.

Nachdem der Benutzer den nächsten Schritt angewählt hat, wird von Haltepunkt zu Haltepunkt (mit entsprechender Zoomstufe), durch eine fließende Animation geführt. Ein Beispiel dafür ist Prezi.

Die innovative Form einer Präsentation mittels Prezi bietet neue Möglichkeiten.

Zusammenhänge werden damit sichtbarer, Ihre Präsentation wirkt dynamischer.

Diese Software hat noch einige Tücken, die im Laufe der Zeit sicher behoben werden. Nicht zu vergessen, die Einarbeitung auf dieses Medium braucht Zeit und Übung.

Empfehlung:

Nutzen Sie Prezi für ausgewählte Pitch-Präsentationen oder Mind-Maps. Business- oder Informations-Präsentationen sollten aktuell auf PP oder Keynote umgesetzt werden.

Textfolien

Unterstützen Sie Ihre Aussagen durch eine Textfolie. Die Textfolie ist die einfachste Art zu präsentieren, aber auch die langweiligste. Ganz kann und will man in der Regel nicht darauf verzichten. Benutzen Sie die Textfolie als Basis für aufwendige Folien.

☺ wenig Aufwand

☺ Stichworte für Zuhörer und Referent

☺ Lückenfüller

　　☹ Öde

　　☹ eindimensional

　　☹ nur linke Gehirnhälfte aktiv

　　☹ auf Dauer einschläfernd

Grundregel jeder Textfolie!

Große Überschrift – einzeilig

- o   max. 5 – 7 Zeilen

- o   mit 5 – 7 Wörtern

- o   Überschrift in mind. 36 pt

- o   Punkte in mind. 24 pt(fett)

  - o   Unterpunkte in mind. 22 pt

Strukturbilder

Als Strukturbild gilt die Kombination von Text und geeigneten Formen oder Elementen. Die ideale Art, Zusammenhänge zu erklären und zu visualisieren.

Beziehungen, Prozesse, Hierarchien usw. lassen sich sehr gut visualisieren. Nutzen Sie die Möglichkeiten von Formen und Graphiken.

4 wichtige Regeln für Strukturbilder!

4. Zusammenhänge herstellen

3. Elemente sinnvoll anordnen

2. Schlagworte festlegen

1. Kernaussage in die Überschrift

☺ leicht zu verstehen und zu merken

☺ mäßiger Aufwand

☺ Zusammenhänge werden anschaulich

☹ Animation schwierig

☹ komplexe Themen schwierig

☹ Aufwand höher als bei Textfolie

Beispiele:

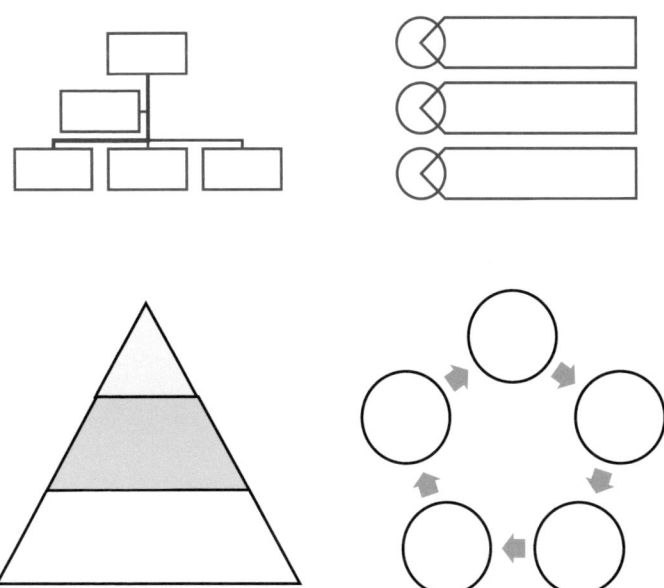

Tabellen

Tabellen können sehr gut einen Überblick verschaffen bzw. darstellen. Besonders wichtig ist hier die Lesbarkeit. Sie müssen immer einplanen, die Tabelle detailliert zu erklären.

Tabellen richtig erstellen!

1. auf Lesbarkeit achten
2. Aussage herausarbeiten
   a. Tabelle erklären
3. Kernaussage als Überschrift
4. wichtige Teile optisch hervorheben

☺ Zahlen, Daten Fakten

☺ strukturiert die Information

☺ zeigt einen Überblick über Z-D-F

☺ sehr rational und faktenorientiert

☹ eventuell zu viele Z-D-F

☹ unübersichtlich

☹ Entwicklungen schwer darzustellen

☹ Anteile bzw. Größenverhältnisse schlecht visualisierbar

	1	2	3	4	5	6	7	8	9	10	11	12
a	101	152	189	256	65	458	235	489	426	254	364	123
b	113	164	281	268	77	470	247	501	438	266	376	135
c	125	176	213	280	89	482	259	513	450	278	388	147
d	137	188	225	292	101	494	271	525	462	290	400	159
e	149	200	237	304	113	506	283	537	474	302	412	171
f	161	212	249	316	125	518	295	549	486	314	424	183
g	173	224	261	328	137	530	307	561	498	326	436	195

	´1-6	´6-12	Summe
a	1221	1891	3112
b	1293	1963	3256
c	1365	2035	3400
d	1437	2107	3544
e	1509	2179	3688
f	1581	2251	3832
g	1653	2323	3976

Versuchen Sie immer die Kernaussage durch Vergrößerung herauszustellen!

Diagramme

Die ideale Art aus Zahlenmaterial aussagekräftige Bilder zu kreieren. Die Betonung liegt hier auf „aussagekräftig". Investieren Sie ruhig Zeit, um die richtige

Diagrammart auszuwählen. Probieren Sie verschiedene Möglichkeiten aus.

Diagramm als Informationsträger!

1. Auswahl der Zahlen

2. Aussage in die Überschrift

3. Diagrammart auswählen

4. auf das Wesentliche reduzieren

    a. Texte horizontal

    b. Gitternetz/Achsen

    c. Keine Legende

☺ unterstreicht Aussagen

☺ klar und eindeutig

☺ erleichtert Vergleiche

☺ sehr visuell

☹ starke Vereinfachung

☹ Diagrammart sehr wichtig

☹ Blickwinkel beachten –
Interpretationsmöglichkeiten

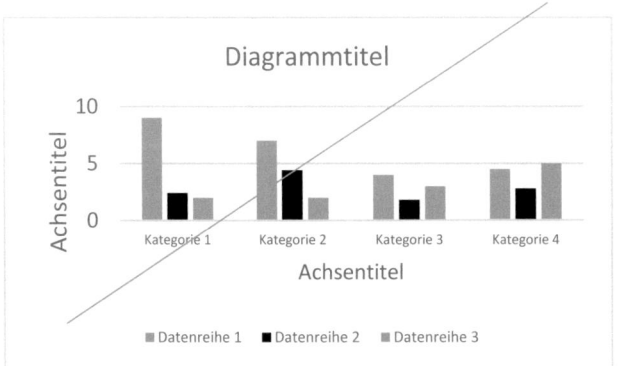

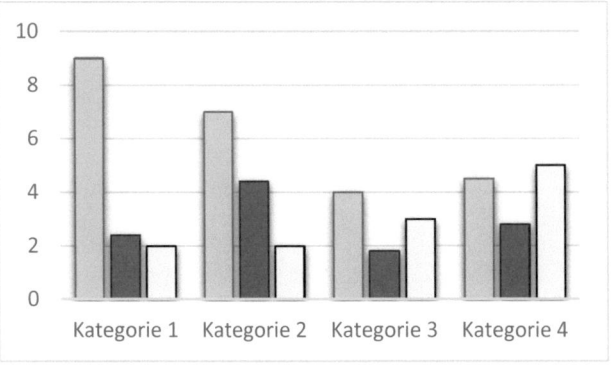

Sparen Sie an allen Details um Übersichtlichkeit zu gewinnen. Sie sollen immer durch Ihre Erklärung, die Bedeutung und Aussage der Folie unterstreichen!

Diagramme tunen

Sie können mit einfachen Mitteln Ihre Diagramme tunen. Durch die Auswahl der Skalierung oder einer 3-D Darstellung betonen Sie Ihre Aussage. Achten Sie darauf, die Perspektive nicht zu überziehen, sonst wirken Sie manipulativ.

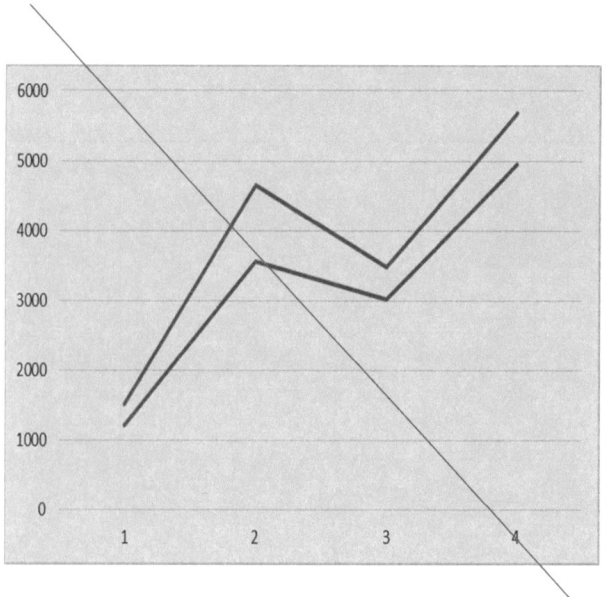

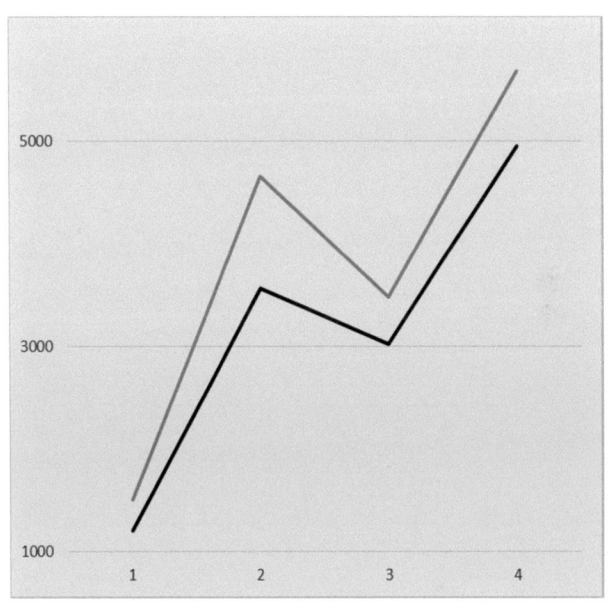

Symbole und Zeichnungen

Mit Symbolen hat man die Möglichkeit sehr vereinfacht eine Aussage zu unterstreichen. Damit visualisieren Sie perfekt, aber die Erklärung dazu ist immer notwendig.

Symbole oder Zeichnungen zur Unterstützung der Aussage!

1. Aussage in die Überschrift
2. Was wollen Sie zeigen?
3. Auswahl eines Symbols, Zeichnung oder Skizze
4. Auswahl hinterfragen
5. Größe/Anordnung prüfen

Beispiele:

Diese sind auch ideal zum Einsetzen mit Flipchart!

☺ vereinfachte Darstellung

☺ vergleichende Darstellung

☺ übertriebene Darstellung

☺ einfache, schnelle Visualisierung

☹ vielleicht zu simpel

☹ unter Umständen zu trivial

☹ immer erklärungsbedürftig

Pläne

Pläne oder technische Zeichnungen zeigen sicher am besten komplexe Darstellungen, aber die Gefahr der Unübersichtlichkeit muss bedacht werden.

Pläne professionell präsentieren!

1. Aussage in die Überschrift
2. Plan oder Planausschnitt auswählen
3. Überflüssiges entfernen/abdecken
4. Aussage am Plan markieren
5. Erklärung für Gesamtbild planen
   a. Aussage betonen

☺ geben einen Gesamtüberblick

☺ Zusammenhänge werden aufgezeigt

☺ vereinfachte Darstellung möglich

☹ viele Details unwichtig

☹ Bearbeitung schwierig

☹ u.U. lange Erklärung notwendig

Fotos

Fotos sind die beste Art zu visualisieren und Emotionen zu wecken.

" Ein Bild sagt mehr als 1000 Worte!

So richtig diese Aussage ist, eine Erklärung sollte trotzdem immer erfolgen.

Fotos zur Emotionalisierung!

1. sorgfältige Auswahl der Fotos
2. besser eines statt zwei Fotos pro Chart
3. eindeutige Botschaft
4. evtl. Bildausschnitt wählen
5. eventuell Farbe verändern
6. Bildgröße festlegen
7. Rahmen zum Verstärken?
8. Erklären Sie das Bild

Die Auswahl ist nicht so einfach wie Sie glauben. Ihre Botschaft soll eindeutig zum Bild passen oder umgekehrt!

Lieber wenige Bilder, aber diese sollen die Information verdeutlichen, das Gesagte verstärken und unterstreichen.

☺ emotional

☺ einfach und effektiv

☺ als Beweis einer Aussage

☹ Manipulierung möglich

☹ passende Bilder finden

☹ zu viele Bilder = Dia-Show

Videos

Werbefilme, Imagefilme, Produktionsabläufe und Kundenbefragungen etc. können perfekt in Ihre Präsentation integriert werden.

Videos sind immer eindrucksvoll und wirken in der Regel professionell.

Erklären Sie immer den Grund für die Vorführung.

☺ sehr emotional

☺ ideal für komplexe Themen

☺ (suggeriert) Realität

☺ längeren Film, evtl. in kurzen Abschnitten oder Ausschnitten

Videos zur Emotionalisierung!

1. sorgfältige Auswahl der Videos

2. eindeutige Botschaft

3. Ton oder Live-Moderation?

4. Text zum Anmoderieren

5. Resümee ziehen

6. Technik(Ton) klären

7. Clip auf Laptop speichern

☹ Link funktioniert nicht

☹ Ton zu leise

☹ Publikum alleine lassen

Muster

Der Einsatz bzw. die Verteilung von Mustern oder Anschauungsmaterial ist, wenn möglich, mit die beste Art der Information.

Muster – richtig einsetzen!

1. Muster unterstützen Ihre Aussage
2. Einsatz vom Mustern planen
   a. herzeigen
   b. herumreichen
   c. für jeden Teilnehmer
3. Erklärung notwendig
4. Zeitbedarf einplanen

Mit Mustern erreichen Sie neben hören und sehen auch das Tasten, vielleicht sogar das Riechen und Schmecken.

☺ greifbar

☺ alle Sinne involviert

☺ spannend

☹ bringt Unruhe

☹ Zeitfaktor

☹ Entwicklungsstand?

Mind Map

Eine Mind Map zu präsentieren, ist mit einer Folien-Präsentation sehr schwer umsetzbar, da die Übersichtlichkeit nicht gegeben ist. Die Aufteilung auf mehrere Folien ist meist nicht zielführend.

Durch die Zooming Presentation ist eine gute Möglichkeit entstanden, vom Hauptthema über die Schlüsselbegriffe in Unterebenen und wieder zurück zu präsentieren.

☺ Ideal für Zooming Presentation

☺ viel Erklärung notwendig

☺ erschließt ein Thema

☹ Zeitfaktor

☹ Übersichtlichkeit

☹ ungewohnt

Mind Maps präsentieren

1. Übersicht zeigen
2. Zentrales Thema
3. Hauptpunkte präsentieren
4. Schlüsselbegriff 1/2/usw.
   a. Ebene 2
   b. Ebene 3
5. jeden Punkt mit Übersicht beginnen
6. Zusammenhänge farblich angleichen

Zusammenfassung der Umsetzung

✓ Ihre Zuhörer sollten immer hören und sehen

✓ Basis ist eine Textfolie

- ✓ Große Schrift verwenden
- ✓ Nicht mehr als 30 Worte auf der Folie
- ✓ Vereinfachen Sie alles soweit als möglich
- ✓ Bilder so groß wie möglich
- ✓ Nutzen Sie alle Möglichkeiten der Folienarten, wenn das Thema es erlaubt
- ✓ Die Aussage immer als Überschrift
- ✓ Symbole, Bilder als Verstärker nutzen
- ✓ Die räumliche Vorstellung durch Strukturbilder = Hierarchie, Matrix, Beziehung, Prozess, Pyramide, etc., ausnutzen
- ✓ Nicht zu viel und keinesfalls unnötige Information
- ✓ Weglassen ist oft effektiver
- ✓ Nutzen Sie Muster, wenn möglich
- ✓ Emotionalisierung durch Fotos oder Film
- ✓ Prüfen Sie die Projektion, Ihr Bildschirm kann verfälschen
- ✓ Bewährtes nutzen, Kreativität einschränken

- ✓ Vergessen sie nicht Ihre Unternehmensfarben, das eigne Logo, etc. = corporate design/corporate identity

Gestaltungsregeln

Schriftgröße

Empfehlung:

- ✓ Überschriften mind. 36 pt.
- ✓ Text Ebene 1 mind. 24 pt.(~fett)
- ✓ Text Ebene 2 mind. 22 pt.

Schriftart

Empfehlung:

- ✓ Serifenlose Schriften sind angenehmer für das Plenum
- ✓ Maximal 2 Schriftarten
- ✓ Durchgängig benutzen

Farben

Empfehlung:

> ✓ einfarbig ist langweilig
> ✓ bunt ist unseriös

☺ punktuell durch Farbe betonen ist richtig! (von Restorff)

Animation

Empfehlung:

> ✓ Folienwechsel möglichst unauffällig
> ✓ Punkte einblenden oder Wischen von links(Leserichtung)
> ✓ Punkt und Unterpunkt gleichzeitig
> ✓ Symbole, Objekte sinnvoll eingliedern

☺ *Grundsätzlich: Weniger ist besser!*

Tipp:

o *Wiederholen von Farben, Formen, Größen, Abständen, Animation, usw. ist gut, aber bitte mit immer gleichbleibendem System!*

Persönliche Technik

Die Präsentation lebt von Ihnen!

Sie sollen der Mittelpunkt sein, alles andere sind nur Hilfsmittel, um die Zuhörer und damit Ihr Ziel zu erreichen.

Die Technik in Form von Tablet, Laptop und Beamer oder Skizzen am Flipchart sollen aber wie nebenbei, ohne Aufwand funktionieren.

Dies gelingt nur mit Übung.

Nehmen Sie sich die Zeit, um nicht nur Ihr Thema zu verinnerlichen, sondern ebenso mit den technischen Hilfsmitteln zu üben.

Legen Sie Ihre Standorte während der Präsentation gedanklich fest! Sie müssen wissen, wo Sie stehen, damit jeder Sie und auch uneingeschränkt die Präsentations-Bilder sehen kann.

Bestuhlung/Sitzordnung

Organisieren Sie auch die Bestuhlung – und somit die Sitzordnung. Durch die jeweilige Form, sichern Sie sich entweder die aktive oder etwas passivere Aufmerksamkeit der Teilnehmer.

Drei Formen der Bestuhlung sind möglich:

1. <u>U-Form</u>

Bei dieser Bestuhlungsform werden die Stühle in einem Halbkreis angeordnet. Durch diese Anordnung

☺ kann jeder jeden sehen.

☺ können Diskussionen auf Augenhöhe geführt werden.

☺ wird die Präsentation sofort als offener Austausch gestaltet, da Sie die Teilnehmer direkt ansprechen können.

☹ diese Sitzordnung eignet sich nur für kleine Gruppen.(max. 20 Personen)

2. Kino-Bestuhlung

Die Seminarstühle werden hintereinander in Reihen angeordnet. Diese Form der Bestuhlung eignet sich für

☺ große Gruppen und Events.

☺ Präsentationen, bei denen das Publikum wenig aktiv ein-gebunden werden soll.

☺ zur Informationsvermittlung.

☹ passive Rolle der Zuhörer.

3. Verhandlung/Jahresgespräch

Hierbei sitzen Sie Ihren Verhandlungspartnern an einem Konferenztisch gegenüber. Ein häufiges und anspruchsvolles Szenario! Diese Art der Sitzordnung erfordert hohe Flexibilität. Diese Präsentationsform unterstützt

☺ die Klärung von unterschiedlichen Positionen. Dabei platzieren sich z.B. Einkäufer und Verkäufer gegenüber.

☺ Pitch Präsentationen zur Vorstellung.

☺ die Lösung von Konflikten.

⊗ meist am Tablet-PC oder Laptop, dadurch reduzierte Größe der Präsentation.

⊗ fordert enorm hohe Flexibilität, um alle Teilnehmer gezielt einzubinden.

Tipp:

o *Handout und/oder Prospekte immer als mögliche Option bereithalten, um im Vortrag flexibel reagieren zu können.*

Laptop und Beamer

Der Umgang mit dem Computer/Laptop und dem Beamer soll geprobt werden. Sie müssen wissen, wie Sie Ihre Voreinstellungen aktivieren und mit welchem Programm man die Verbindung mit einem Projektor herstellt. Ihre gewohnten Einstellungen wie Bildschirmansicht und Beamer synchron mit aktueller Folie, Referentenansicht am Laptop oder festgelegte Zeitwerte pro Bild sollen funktionieren!

Denken Sie an alle Kabel zur Geräteverbindung und zur Stromversorgung. Vergessen Sie nicht die Batterien für die Fernbedienung.

Auch die Prüfung der Projektionsfläche(Größe; Lesbarkeit; Höhe; Kontrast; Zeigemöglichkeit) und Farbwiedergabe ist sehr wichtig.

Tipp:

- o *Prüfen Sie die Sicht aus der Perspektive Ihres Publikums!*
- o *Schalten Sie nach dem Funktions-Test die erste Folie auf Schwarz!*

  Mit einer Präsentationsfernbedienung einfach die entsprechende Taste drücken, ansonsten auf der Tastatur - Taste B - drücken. (Bildschirm wird schwarz). Durch erneutes Drücken erscheint das Bild wieder.

Präsentieren mit Beamer

Die Projektionsfläche ist eine Leinwand/Wand die Sie mit ausgestreckter Hand gut erreichen. Zu 98% trifft dies zu, wenn nicht, sollten Sie die Blickführung Ihrer Zuhörer durch einen Laserpointer lenken. (Punktuell, indem Sie die ersten Buchstaben einkreisen! Nur ein Laserpunkt ist schlecht sichtbar und zittert bzw. wackelt immer, darum eine Kreisbewegung!)

Es gibt 3 wichtige Positionen für Sie als Präsentator/in:

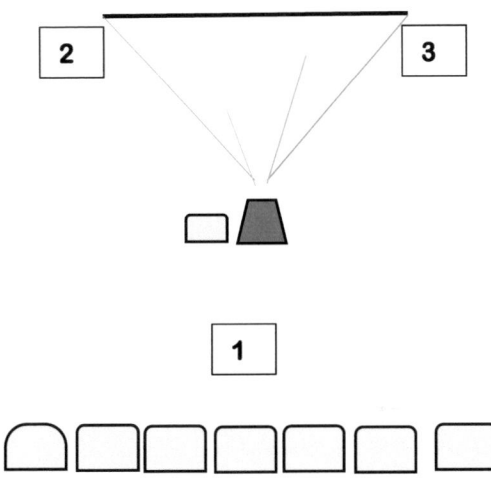

Position 1 zum Start und immer wenn Sie im Dialog mit den Zuhörern sind. Achtung: Bild immer wegdrücken! Volle Aufmerksamkeit auf Sie als Präsentator/in.

Position 2 immer wenn Sie Ihr Thema mit Hilfe der Folien präsentieren und erklären.

Position 3 nur wenn Sie ein Bild auf der rechten Seite Ihrer Projektion erklären.

Beispielhafter Ablauf:

- ✓ Start! Stellen Sie sich zentral vor Ihre Zuhörer und sprechen die einführenden Worte. Sie sollen jegliche Aufmerksamkeit erhalten! Dies ist einfach, wenn kein Bild ablenkt.(Projektion auf schwarz)

- ✓ Wenn Sie das Bild aktivieren, stellen Sie sich links vom Bild auf. Links beginnen die Zeilen!

- ✓ Zeigen Sie mit der (linken)Hand auf die erste Textzeile. (Nicht mit dem Finger oder einem Hilfsmittel) Handrücken zum Plenum.

- ✓ Bleiben Sie ruhig stehen und bilden Sie eine Einheit mit der Leinwand.

- ✓ Lesen Sie (ohne Worte) den Text!

- ✓ Drehen Sie sich zum Publikum und sprechen Sie den Text deutlich mit Blickkontakt!

- ✓ Ergänzen Sie das Stichwort und führen den Punkt aus.

- ✓ Sie zeigen auf den nächsten Satz, Objekt, Foto oder Symbol mit dem Handrücken.

- ✓ Drehen Sie sich wieder zu den Zuhörern und erläutern Sie, erst nach Aufnahme von Blickkontakt, die Information und ergänzen Sie entsprechend.

✓ Wenn ein Objekt rechts auf der Folie angeordnet ist, wechseln Sie stumm die Seite, zeigen mit der rechten Hand darauf und sprechen wieder erst nach der Aufnahme von Blickkontakt.

Bitte üben Sie diese Technik! Nur mit Übung wirken Sie professionell!

Tipp:

o *Wenn Sie die Positionen wechseln, wird nicht gesprochen.*

o *Auch wenn Sie auf die Projektion blicken, bleiben Sie stumm.*

o *Sprechen Sie immer nur mit Blickkontakt zum Publikum!*

o *Gelingt mit einiger Übung und wirkt sehr professionell!*

☺ **Bewegung schlägt Sprache!**

Tablet-PC oder Laptop

Wenn Sie im kleinen Kreis präsentieren, ist dies mit dem Laptop-Bildschirm oder einem Tablet-PC möglich. Kleiner Kreis bedeutet für den Laptop max. 4 Personen und für das Tablet max. 2 Personen als Zuhörer.

Wichtig hierbei

Bildschirm immer aufrecht stellen

Ein stehender Bildschirm sorgt dafür, dass Sie als Präsentator Ihre Zuhörer und diese Sie, im Blickfeld behalten. Nur so gelingt die aktive Führung durch Ihr Thema.

Achtung:

Aufwendige Präsentationen sollten nicht am kleinen Bildschirm erfolgen! Die Bildschirmgröße ist für Tabellen, Pläne und Animation problematisch.

Halten Sie für alles wichtige Handouts bereit!

Präsentieren mit Tablet PC/Laptop

Beispielhafter Ablauf:

- ✓ Start! Der Bildschirm steht aufrecht und Sie positionieren/sitzen links vom Bildschirm.
- ✓ Bildschirm ist schwarz
- ✓ Sprechen Sie die einführenden Worte!
- ✓ Aktivieren Sie die erste Folie/Bild und zeigen Sie auf das Bild/Stichwort.
- ✓ Erklären und ergänzen Sie das Gezeigte mit Ihren Worten.
- ✓ Wechseln Sie von Folie zu Folie.
- ✓ Nutzen Sie Ihre Zusammenfassung nach jedem Agenda-Punkt, um das Bild schwarz zu stellen. Alle Aufmerksamkeit erhalten somit Sie.
- ✓ Schlusswort erst wenn Sie kein Bild/Folie mehr zeigen!

Tipp:

- o *Wenig Animation verwenden!*
- o *Nur geeignet für eine kurze Präsentation/Produktvorstellung!*

Flipchart

Das Flipchart ist ein Medium das Perfekt wirkt, wenn Sie es „spontan" einsetzen.

Ehrlich gesagt, dieser spontane Einsatz muss und soll natürlich auch geplant und vorbereitet werden. Alles was Sie schreiben, skizzieren oder zeichnen sollte aber vor Ort geschehen.

Halten Sie zu Ihrer Sicherheit, wenn nötig ein entsprechendes Manuskript bereit.

Sie können alles sehr grob Skizzieren, wenn Sie die Abbildung erklären! Danach visualisieren Sie in Ihren Worten, wofür die Skizze steht.

Beispiele:

Auto =

Mobilität

Freiheit

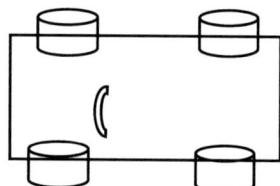

Berg/Weg zum Gipfel =

Anstrengung

Herausforderung

beschwerlich

langer Weg

Präsentieren mit Flipchart

Beispielhafter Ablauf:

✓ Stellen Sie das Flipchart zentral vor das Plenum.

✓ Zeichen Sie stumm

✓ Drehen Sie sich zu den Zuhörern und erklären Sie das gezeichnete Bild.

✓ Bei viel Aufwand - Zwischendurch immer wieder erklären.

✓ Erklären Sie erst was Ihre Skizze darstellt und dann wofür sie steht.

- ✓ Zwei oder mehr Farben sind gut.

- ✓ Vorbereitete Flipchart-Blätter sind wie Folien zu behandeln. Die Frage warum nicht über Beamer, stellt sich aber?!(Spontanität, mehr Platz, leuchtend, usw.)

Zusammenfassung der persönlichen Technik

- ✓ <u>Sie sind und bleiben der Mittelpunkt</u> des Geschehens, alles andere sind Hilfsmittel um Ihr Ziel zu erreichen.

- ✓ Halten Sie immer Blickkontakt wenn sie sprechen! Seien Sie ruhig(stumm), wenn Sie Ihre Hilfsmittel bedienen.

- ✓ Links vom Bild ist immer richtig, hier beginnt jeder Satz.

- ✓ Führen Sie die Blicke Ihres Plenums mit der Hand.

- ✓ Erklären Sie immer alles was zu sehen ist. Sie müssen Ihre Zuhörer „an der Hand nehmen".

- ✓ Alle Tabellen und Diagramme benötigen eine Einweisung.

- ✓ Nutzen Sie oft die schwarze Folie und ziehen damit die Aufmerksamkeit auf sich.

- ✓ Wechseln Sie Ihren Standort ab und zu.

- ✓ Nutzen Sie auch das Flipchart, um Abwechslung zu erzeugen.

- ✓ Sie können grob zeichnen, wenn Sie das Bild erklären, versteht es jeder!

- ✓ Die Bedeutung einer Skizze muss erklärt werden.

- ✓ Prüfen Sie vor Beginn Ihre Hilfsmittel auf Funktion.

- ✓ Prüfen Sie vor Beginn die Blickwinkel aus Sicht Ihrer Zuhörer.

Manuskript

Ein Manuskript benötigen manche in schriftlicher Form für Ihr Sicherheits-gefühl.

Das Manuskript soll Sie unterstützen. Je besser Sie vorbereitet sind, umso weniger werden Sie es benötigen.

Nutzen Sie auf dem Computer die Möglichkeit der Notiz-Funktion, die nur für Sie bei einem Ausdruck oder in der Referentenansicht sichtbar sind. Hier besteht jedoch die Gefahr vom Ablesen, statt Blickkontakt.

Natürlich können Sie auch kleine Karteikarten anfertigen, auf welchen Sie Ihre Stichworte/Fachausdrücke etc. notieren.

Wenn Sie ein Manuskript anfertigen, benützen Sie eine maximale Größe von DIN A 5, noch besser etwas kleiner. Karteikarten sind ideal, da sehr stabil.

Beschriften Sie am besten mit Blockschrift in großer Schrift. Ideal ist auch ein Ausdruck über den Computer, dann kleben Sie die Notizen auf die Karteikarte.

Große Schrift ist wichtig, damit Sie auch bei einem kurzen Blick alles wahrnehmen können.

Notieren Sie vor allem Erklärungen zu Fachtermini und persönliche Anweisungen (Pause, besondere Hinweise, Witz, etc.).

Nummerieren Sie Ihr Manuskript durch und verwenden Sie immer nur eine Seite! (niemals die Rückseite benutzen)

Tipp zum Einsatz:

- o *für die ersten Sätze!*

- o *als Vorlage für „spontane Flipchart" Einsätze!*

- o *für die letzten Sätze!*

- o *Manuskript als roter Faden im Bedarfsfall*

- o *Gedächtnisstütze für Fachtermini und Fremdwörter(und deren Erklärung)!*

- o *zu Ihrer Sicherheit, hinsichtlich der Inhalte!*

Formen des Manuskripts

Ausformuliertes Manuskript

Alles was sie planen zu sagen, steht im Manuskript. Wichtige Aussagen werden markiert!

In Ordnung bei einem Vortrag oder einer Rede, nicht ideal bei einer Präsentation.

☹ Bei einer Präsentation nicht zu empfehlen, Sie verlieren den Blickkontakt zu den Zuhörern. Gefahr vom Eindruck einer Lesung.

Stichwort Manuskript

Auf dem Manuskript stehen nur Stichworte und geben Ihnen den roten Faden vor. Die Sätze werden frei formuliert. Hier steckt die Gefahr eines „Hängers"

☹☺ bedingt zu empfehlen. Ideal für den Start Ihrer Präsentation, dann eher hinderlich bei der Gestik.

Tipp = ein zeitweiliges Manuskript!

- *Starten Sie mit dem Manuskript in der Hand. Ihre ersten Sätze und die Begrüßung haben Sie darauf notiert!*

- *Ab Einblendung der ersten Folie legen Sie dieses zur Seite.*

- *Bereiten Sie für einen Flipchart-Einsatz ein eigenes Manuskript vor.*

- *Zum Ende Ihrer Präsentation (Zusammenfassung, letzte Sätze) nehmen Sie es wieder zur Hand.*

Merke:

Ihre Folien dienen als Stichwortgeber!

Das Auftreten von Ihnen als Präsentator soll und muss auch geplant werden.

Sie sind sehr gut vorbereitet und wollen kompetent und sympathisch Auftreten.

" Für den ersten Auftritt gibt es keine zweite Chance!

Diesen Satz sollen Sie sich beherzigen. Ihr Äußeres beeinflusst ganz entscheidend!

Laut aktueller Studien sind fast 90% Ihrer Wirkung durch Körpersprache und Stimme beeinflusst.

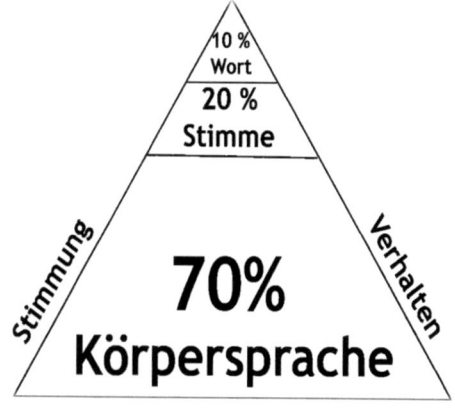

Sie sollten also Ihre Gesten und Emotionen zur Unterstützung Ihrer Präsentation gut einsetzen.

Wirkung schlägt Fachwissen!

Fachwissen verbunden mit Wirkung ist fast unschlagbar!

Kleidung

Kleidung ist Ausdruck unserer Persönlichkeit. Wir zeigen damit unsere Einstellung anderen Personen gegenüber. Kalkulieren Sie die möglichen Folgen solcher Signale ein. Andere Menschen empfinden sich durch nicht situationsgerechte Kleidung

brüskiert – verletzt – verärgert – beleidigt – irritiert.

Nur wenige Menschen haben Verständnis. Unterscheiden Sie, was Menschen öffentlich sagen, unter sich äußern oder was sie denken.

Nicht situationsgerechte Kleidung ist normalerweise im Beruf karrierehemmend und für Ihre Präsentation nicht zielführend!

Kleiderauswahl muss immer den Erwartungen der Anderen entsprechen.

Tipp:

- *Passen Sie Ihr Äußeres dem Publikum und dem Anlass der Präsentation an!*

- *„Seien Sie nur eine Idee besser angezogen als der Durchschnitt des Publikums*

Gestik

Ihre Aussagen sollen und müssen Sie durch die entsprechende Gestik unterstreichen. Darum ist ein Manuskript nicht ideal, denn Sie haben Ihre Hände nicht frei. Wenn Sie darauf nicht verzichten wollen, benutzen Sie möglichst kleine Karteikarten.

Die folgenden Grundregeln sollten Sie verinnerlichen. Grundsätzlich empfehle ich ein Rhetorik-Seminar um die Gestik zu üben bzw.

ein Gefühl für den Einsatz zu bekommen. In aller Regel machen Sie es intuitiv richtig, nur zu reduziert.

Gestik <u>zu sich</u> hin:

☺ Sympathie

☺ empfangend

☺ Zuneigung

Gestik von sich weg:

☹ Antipathie

☹ Zurückhaltung

☹ Distanz

Gestik <u>nach oben</u>:

☺ das Gute

☺ das Erhabene

☺ das Positive

☺ Dynamik

Gestik nach unten:

☹ das Niedrige

☹ das Böse

☹ Verzweiflung

☹ Niedergeschlagenheit

Tipp:

    o *Zeigen Sie Emotionen durch entsprechende Gesten. Damit sind Sie glaubwürdig.*

Mimik

Die Mimik können Sie nur durch eine positive Grundeinstellung beeinflussen. Wenn Sie Ihre Mimik zu jeder Zeit perfekt einsetzen und steuern könnten, verdienten Sie Ihr Geld als Schauspieler.

Seien Sie motiviert und freuen Sie sich auf Ihre Präsentation. Damit sind und wirken Sie authentisch!

Das Lächeln ist die Disziplin um Sympathien zu gewinnen!

Ein natürliches, aufgeschlossenes Lächeln ist der perfekte Türöffner.

Wenn Sie Ihr Publikum anlächeln, kommt es garantiert zurück!

Das haben Sie alle schon selbst erlebt: Unser Gegenüber gähnt und wir müssen automatisch auch gähnen, jemand lächelt uns an und wir lächeln ohne nachzudenken zurück. Oder wir können unsere Tränen einfach nicht unterdrücken, wenn wir einen traurigen Film sehen.

Dass wir empfinden, was andere empfinden, egal ob es nun Mitleid, Trauer oder Freude ist, verdanken wir bestimmten Nerven in unserem Hirn – den Spiegelneuronen. Spiegelneuronen sind ein Resonanzsystem im Gehirn, das Gefühle und Stimmungen anderer Menschen beim Empfänger zum Erklingen bringt.

Holen Sie sich das Lächeln Ihrer Zuhörer!

Tipp:

- o   *verzichten Sie als Mann auf einen Bart. Er verdeckt Ihre Gesichtszüge und damit Ihr Lächeln.*

Stimme

Natürlich gibt es ganz besonders schöne Stimmlagen mit einem entsprechenden Grundton. Aber jede Stimme ist durch ein wenig Training zu verbessern. Achten Sie auf folgende Punkte bei Ihrer Präsentation/Rede:

- ✓ eine klare verständliche Stimme!

- ✓ richtiges Sprechtempo!

- ✓ bewusste Pausen!

Tipp:

- ○ *Sie können die 3 Punkte üben, indem Sie Gedichte, Songtexte oder berühmte Reden für sich selbst laut vorlesen.*

Dialekt ist kein Problem, wenn Sie verständlich sind. Achten Sie auf die Vermeidung von regionalen Ausdrücken und Ihre Betonung.

Lampenfieber

Auch wenn Sie noch so oft üben, Sie werden durch den Anstieg des Adrenalinspiegels, das sogenannte Lampenfieber bekommen. Dies ist ganz normal und kann positiv genutzt werden.

Voraussetzung ist immer, dass Sie sich

gut vorbereitet

haben und fühlen.

✓ Nehmen Sie einen festen Standpunkt ein.

✓ Beine schulterbreit und gleichmäßig belastet.

✓ Stehen Sie ruhig.

✓ Arme locker seitlich oder die sogenannte Bauchhaltung. (oberhalb des Gürtels)

✓ Bewegen Sie sich gezielt!

✓ Nutzen Sie die Energie für Ihre großzügige Gestik.

✓ Nutzen Sie die Energie für Ihre Stimme.

Augenkontakt

Nutzen Sie jede Möglichkeit um Ihren Zuhörern in die Augen zu schauen!

Augenkontakt gilt als Demonstration von Ehrlichkeit. Dieser ist daher sehr wichtig, wenn Sie überzeugen wollen.

Blickkontakt ist ein wichtiges Mittel der Körpersprache. Das Auge bezeichnet man gerne auch als Fenster zur Seele.

Wechseln Sie für Ihren Blickkontakt unter den Zuhörern hin und her.

Schauen Sie jeder Person ca. 3 Sekunden in die Augen - einen Gedanken lang.

Eigenmotivation

✓ Freuen Sie sich auf Ihre Präsentation!

✓ Sind Sie sich sicher, dass Ihre Vorbereitung sehr gut war!

✓ Freuen Sie sich auf Ihre Zuhörer!

✓ Freuen Sie sich, dass Sie auftreten!

Tipp:

  o *Sagen sie sich diese Punkte bis zum Start, im Gedanken immer wieder vor*!

Zusammenfassung Auftritt

✓ Beginnen Sie frontal zu den Zuhörern.

✓ Halten Sie Augenkontakt.

✓ Lächeln Sie.

✓ Kleiden Sie sich für die Zuhörer!

- ✓ Nutzen Sie das Adrenalin für Gesten und Stimme.

- ✓ Stehen Sie still auf beiden Beinen.

- ✓ Überzeichnen Sie ruhig durch Ihre Gesten.

- ✓ Denken Sie positiv!

- ✓ Sprechen Sie laut und deutlich.

- ✓ Kurze Sätze!

- ✓ Wechseln Sie ab und zu Ihre Position.

Fragerunde oder Diskussion

Nach der Präsentation können Sie zu einer Fragerunde oder Diskussion einladen. Im Idealfall kündigen Sie diese bereits in Ihrer Agenda an. Damit erreichen Sie, dass Zwischenfragen oder andere Bemerkungen auf diesen Part verlegt werden können. Sie erreichen damit auch, Ihre Präsentation zeitlich genauer festlegen zu können.

Beispielhafter Ablauf:

- ✓ Kündigen Sie Ihre Präsentation mit x-Minuten an.
- ✓ verweisen Sie auf eine anschließende Fragerunde von x-Minuten!

Natürlich werden Sie sich auf die Diskussionsrunde vorbereiten. Die Erfahrung zeigt, dass die gestellten Fragen oder Beiträge zu über 80% vorhersehbar sind.

Überlegen Sie welche Fragen gestellt werden und bereiten Sie die Antworten bereits bei der Präsentationsplanung vor.

Tipp:

- o *Wenn möglich halten Sie zur Unterstützung Ihrer Antworten entsprechende Folien oder Skizzen, etc. bereit.*

- o *Beachten Sie auch in der Fragerunde den Zeitrahmen.*

- o *Fassen Sie zum Abschluss auf alle Fälle noch einmal zusammen!*

Störungen

Sie müssen natürlich immer mit Störungen rechnen.

Unruhe durch das Gehen oder das Kommen von Zuhörern, das Klingeln von Handys oder das Nutzen des Smartphones zum Email checken.

Gehen Sie damit souverän um und lassen Sie sich nicht aus dem Konzept bringen.

Anders sieht es aus, wenn Sie direkt angesprochen werden.

Hier gibt es verschiedene Möglichkeiten der Reaktion:

- ✓ Frage immer wiederholen (Ihre Zeit zum Nachdenken).

- ✓ Auf eine anschließende Fragerunde verweisen.

- ✓ Frage notieren(evtl. Flipchart).

- ✓ Kurz behandeln und weitermachen.

✓ Quittieren.

✓ Ignorieren.

Tipp:

o *Wenn Sie auf Fragen antworten, wiederholen Sie die Frage und richten Sie die Antwort, durch entsprechenden Blickkontakt immer an alle, damit vermeiden Sie den Dialog mit einzelnen Personen.*

Zeitfaktor

Beispielhafter Ablauf:

✓ Sie haben Ihre Präsentation vorbereitet und stehen in den Startlöchern. Im letzten Moment wird Ihnen mitgeteilt, dass Ihre Redezeit um x-Minuten gekürzt werden muss!

✓ Sie sind mitten in Ihrer Präsentation und stellen fest, Ihre Zeitvorgabe ist durch zu viele Zwischenfragen nicht mehr einzuhalten!

Diese Vorkommnisse sind zwar für Sie als Präsentator unangenehm, aber leider an der Tagesordnung.

Planen Sie diese Möglichkeiten immer mit ein.

Tipp:

- *Strukturieren Sie Ihre Präsentation nach Themenblöcken und Priorität.*

- *Entscheiden/Planen Sie welche Themenblöcke bei Bedarf wegfallen könnten.*

- *Zuerst immer eine Übersicht präsentieren, Details anschließen(bei Bedarf kürzen/weglassen)*

Wenn Sie feststellen, die für Sie angesetzte Zeit wird nicht benötigt, machen Sie sich keine Gedanken.

Niemand möchte Blabla hören, nur damit die Zeit eingehalten wird, sondern nutzt gerne die längere Pause!

Zugabe

Erste Überlegungen

Thema Präsentation:

_____

Ziel:

⊕_____

Überschrift

Zielgruppe:

Personen: _____

_____

_____

Anlass: _____

_____

_____

Interesse: _____

_____

_____

erwartetes Ergebnis(Beispiele)

- ☐ <u>Unterstützung</u>
- ☐ <u>Auftrag</u>
- ☐ <u>Neuer Termin</u>
- ☐ <u>Bestellung, Einkauf</u>
- ☐ <u>Genehmigung</u>
- ☐ <u>Reservierung</u>
- ☐ <u>Zustimmung</u>
- ☐ <u>Nominierung</u>
- ☐ <u>.....................</u>
- ☐ <u>.....................</u>

Strukturplan 1

Mit diesem beispielhaften Strukturplan soll folgendes geklärt werden.

Ein bestimmtes Problem ist der Ausgangspunkt, es wird also ein Defizit festgestellt, welches ausgeglichen werden soll.

<u>Start</u>: Ziel formulieren!

Überschrift/Motto formulieren!

1. Wenn Sie einen Strukturplan erstellen, dann sollte die Situation konkret benannt werden. Beschreiben Sie den gegenwärtigen Zustand.
2. Gehen Sie anschließend auf die Folgen ein, wenn keine Änderung des Problems/Defizits beschlossen wird.
3. Sie beschreiben Ihren Lösungsvorschlag und somit, was Sie erreichen möchten.
4. Zeigen Sie die positive(n) Veränderung(en) auf, bei Annahme Ihres Vorschlages.
5. Benennen Sie konkret welche Zustimmung, Genehmigung oder Budgets für die Lösung gebraucht werden.

Ziel und Überschrift/Motto kontrollieren!

Ziel:

⊕ _____

Überschrift:

```
        _____
       /        _____
      /                                              \
     |                                                |
     |                                                |
     |                                                |
      _____/
```

   1. Aktuelle Situation:

Tatsachen/Probleme:

_____

_____

_____

_____

   2. Folgen:

Wenn keine Aktivität:

_____

_____

_____

_____

3. Vorschlag

Lösung:

_____

_____

_____

_____

4. Ergebnis

Positive Folgen:

_____

_____

_____

_____

5. Handlungsaufforderung

z. B. Zustimmung, Auftrag, Genehmigung, nächste Schritte:

_____

_____

_____

_____

Strukturplan 2

Dieser beispielhafte Strukturplan 2 soll für eine taktische, oft notwendige Situation stehen.

Ausgangspunkt ist ebenso ein bestimmtes Problem, also ein Defizit, welches ausgeglichen werden soll.

Wenn mehrere verschiedene Ziele/Lösungen möglich sind, sollen diese gewichtet werden. Präsentieren Sie mindestens eine alternative Möglichkeit.

Sie entscheiden aber schon bei der Erstellung der Präsentation, welches Ziel vorrangig verfolgt werden soll.

Start: Ziel formulieren!

Überschrift/Motto formulieren!

1. Wenn Sie einen Strukturplan erstellen, dann sollte die Situation konkret benannt werden. Beschreiben Sie den gegenwärtigen Zustand.
2. Gehen Sie anschließend auf die Folgen ein, wenn keine Änderung des Problems/Defizits beschlossen wird.
3. Sie beschreiben Ihr Ziel und somit, was Sie erreichen möchten.

4. Beschreiben Sie einen Lösungsweg, der gut aber nicht sehr gut ist! = Taktische Alternative zur Zielerreichung!

5. Jetzt präsentieren Sie Ihre bevorzugte Lösung, als zweite Möglichkeit. = Taktische geplante Zielerreichung!

6. Zeigen Sie die positive(n) Veränderung(en) auf, bei Annahme Ihres geplanten Vorschlages.

7. Benennen Sie konkret welche Zustimmung, Genehmigung oder Budgets für die Lösung gebraucht werden.

Ziel kontrollieren!

Überschrift/Motto kontrollieren!

Ziel:

⊕ _____

Überschrift:

1. Aktuelle Situation:

Tatsachen/Probleme:

_____

_____

_____

_____

2. Folgen:

Wenn keine Aktivität:

_____

_____

_____

_____

3. Lösungsvorschlag

Zielformulierung:

_____

_____

_____

_____

4. Vorschlag 1

Taktische/gute Lösung:

_____

_____

_____

_____

5. Vorschlag 2

Sehr gute/geplante Lösung:

_____

_____

_____

_____

6. Ergebnis

Positive Folgen:

_____

_____

_____

_____

7. Handlungsaufforderung

z. B. Zustimmung, Auftrag, Genehmigung,
nächste Schritte:

_____

_____

_____

Pitch Präsentation

Der "Pitch":

1. Die Vorteile und den Nutzen für den anderen klar und unmissverständlich aufzeigen!
2. Die Präsentation bildhaft und emotional!
3. Kein Aufzeigen von Einzelheiten, Statistiken und Details.
   (Thema bei Nachbesprechung!)

1. Zielgruppe_____
   _____
   _____

2. Frage/Metapher_____
   _____
   _____

3. Inhalte klar und einfach
   _____
   _____
   _____

4. Welches Problem können Sie lösen

_____

_____

_____

5. Warum Sie!

_____

_____

_____

Struktur und Klarheit

Prüfen Sie Ihre Präsentation unter folgenden Kriterien:

- ✓ **Ist der Inhalt relevant/bedeutsam?**
- ✓ **Sind die Argumente verständlich?**
- ✓ **Sind es höchstens 3-5 Argumente?**
- ✓ **Sind die Abbildungen klar und sinnvoll?**

Streichen Sie

- o **nichtssagenden Grafiken**
- o **albernen Clip Arts**
- o **alles aufgeblasene**

Fragerunde

Alle Punkte die Sie in Ihrer Präsentation aufzeigen, kennzeichnen Sie mit P, alle weiteren, offenen Punkte sollten Sie in der Fragerunde beantworten können.

- o   weitere Alternativen?

- o   Zeitplan? Start – Ende

- o   Preis?

- o   Nutzen für......?

- o   Wer macht was?

- o   Garantie?

- o   Wer informiert wen?

- o   Wer informiert wie und womit?

- o   Kommunikationswege?

- o   Welche Schritte folgen?

- o   Wer muss noch zustimmen?

- o   Welche Hilfsmittel werden gebraucht?

- Wer ist direkt betroffen?

- Wer ist indirekt betroffen?

- Investition?

- Budget?

- ……….

- ……….

- ……….

- ……….

- ……….

Die zeitgemäßen und zielgerichteten Erfolgsfaktoren und Tipps für eine Präsentation vermitteln wir auch in Seminaren!

Diese offenen Seminare, sowie firmeninterne Inhouse-Trainings finden immer in kleinen Gruppen statt, um ein optimales Trainingsergebnis zu erzielen. Natürlich ist auch ein individuelles Coaching möglich.

Wenn Sie daran interessiert sind, alle Fakten zu üben, Fragen zu stellen, sowie Feedback zu erhalten, fordern Sie Informationen an unter

info@premiumseminare.de

oder informieren Sie sich über

www.premiumseminare.de